Jörg Zink

Der Himmel liebt die schwarzen Schafe

Kreuz Verlag

Was du mir vor einiger Zeit erzählt hast,
hat mich tief erschüttert
und bewegt mich bis heute.
Ich konnte es zunächst gar nicht glauben.

Du hast gesagt: »Als ich zwanzig war,
haben meine Eltern mich verstoßen.
Ich sei nicht mehr ihr Kind.
Was ich tue und wie ich lebe sei so,
dass sie sich schämten, meine Eltern zu sein.

Ich bin damals einer politischen Gruppe beigetreten,
die meine Eltern nicht mochten.
Ich hatte und habe eine andere religiöse Einstellung.
Ich kleide mich anders.
Ich lebe mit Freunden zusammen, die sie verachten.
Und ich habe mich auch noch geweigert,
in das elterliche Geschäft einzutreten.

Alles in allem: Ich bin das schwarze Schaf.
Aber ich war das im Grunde schon als Kind.
Sie mochten mich von Anfang an nicht –
und damit soll ich nun leben!«

Es ist ein verbreitetes Leiden,
ein schreckliches:
Da trennt man einen Menschen
von denen ab, die er eigentlich lieben möchte.
Man schneidet ihn aus einer Gemeinschaft heraus
wie einen faulen Fleck an einem gesunden Apfel.
Niemand ahnt, wie schwer er es danach hat,
irgendwann im Lauf seines Lebens glücklich zu werden.
Niemand ahnt die Verlassenheit,
die Dunkelheit, in der er lebt.

Und kaum jemand empfindet das Unrecht,
das ihm geschieht.
Kaum jemand erwartet noch etwas von ihm,
außer, dass er sich schämen soll.

Als du vom »schwarzen Schaf« sprachst,
als das man dich in deiner Familie ansehe,
kam mir dieser Ausdruck seltsam vor.
Warum nennt man einen Menschen eigentlich
ein »schwarzes Schaf«?

Neulich habe ich ein wenig mit dieser Bezeichnung gespielt.
Auf einer Wanderung über die Heide der Schwäbischen Alb
kreuzte eine Schafherde meinen Weg.
Ein alter, breiter, bedächtiger Schäfer
stand auf einem kleinen Hügel, auf seine Schaufel gestützt
und schaute über sie hin.

»Wie viele sind das?« fragte ich
und hörte: »Achthundertzwanzig.«

Lauter weiße Schafe,
eingehüllt in ihre warmen Pelze,
den Kopf im Gras, friedlich fressend
und allmählich wandernd.

Als ich der Herde länger zusah,
fiel mir auf, dass darunter
ein kleines schwarzes Schaf war. Nur eins.
Und ich fragte mich:
Wie fühlt sich ein schwarzes Schaf
in einer so großen Herde von lauter weißen?

Während ich abseits stehen blieb,
versuchte ich, in Gedanken mit ihm
ein Gespräch zu führen.
Versuchte, herauszufinden, was es mir sagen würde,
wäre es nicht ein Schaf, sondern ein Mensch,
den man ein »schwarzes Schaf« nennt.
Ich hörte ihm also zu, während es weiter fraß
und manchmal den Kopf ein wenig hob,
blökte und meckerte.
Es war ein langes, trauriges Lied, das ich hörte
mitten in der sonnigen Landschaft
unter dem blauen Himmel
einer wunderbaren Heide.
Ich übersetze das nun in menschliche Sprache:

»Jeden Tag fragt mich irgendein anderes Schaf:
Warum bist du so schwarz?
Warum bist du nicht wie wir?
Die einen finden es schön, schwarz zu sein,
und werden neidisch.
Die anderen finden es abstoßend
und werden feindselig.
Aber was kann ich denn dafür,
dass ich anders bin?

Keines von meinen Altersgenossen mag mich.
So hörte ich.
Meine Familie findet mich eigensinnig,
weil ich anders bin,
weil ich es nicht einmal
zu einem normalen Fell bringe.
Ich hätte auch kein Recht,
Kinder zu bekommen und aufzuziehen,
weil ich ja doch wieder
nur schwarze zur Welt bringen würde.

Ja, wahrscheinlich bin ich ein Versager.
Wie oft habe ich mir vorgenommen,
mich so gründlich zu waschen,
dass mein Fell weiß wird.
Vielleicht, wenn ich besonders brav wäre,
könnte ich es schaffen.
Aber nicht einmal dazu bin ich fähig.
Ich bin heute so schwarz,
wie ich immer war.

Aber nicht nur das.
Vielleicht bin ich wirklich böse?
Ich bin schnell beleidigt. Verletzt.
Und dann sagen sie mir:
Das darf man nicht sein.
Vielleicht bin ich wirklich böse,
weil ich immer nur an mich und mein Fell denke.

Sie sagen: Zur Herde gehören nur gute Schafe.
Böse sollen ihre eigenen Wege gehen.
Aber wie soll ich am Leben bleiben,
wenn ich nicht dazugehören soll?
Soll ich nun meinen eigenen Weg suchen –
oder Schluss machen mit meinem Leben?

Sie sagen: Ein schwarzes Fell bringt Unglück
für die anderen.
Ja, vielleicht haben sie Recht.
Wenn ich böse bin,
dann habe ich mein schwarzes Fell ja verdient.

Wie soll ich leben?
Wenn mein schwarzes Fell eine Strafe ist
für meine Schlechtigkeit, dann ist es ja nur gerecht,
dass die anderen mich immer wegdrängen,
wenn irgendwo ein besonders feines Kraut ist.
Und dass ich im Pferch immer am Rand liegen muss,
dort, wo am wenigsten Wärme ist.
Ich bin deshalb auch nicht so dick wie die anderen
und oft erkältet. Und vielleicht hole ich mir
eines Tages noch eine Lungenentzündung.

Meine Wolle bringt auch weniger Geld
als die von Weißen.
Wer so schlecht ist wie ich,
hat eigentlich gar kein Recht zu leben
und sollte aus der Welt verschwinden.«

Und während das kleine schwarze Schaf
sein Klagelied vor sich hin blökte,
zog die Herde weiter, und es trottete hinterher.

Das ist übrigens auch so, redete es weiter,
wenn sie von Gott reden.
Die anderen sagen, vor allem die Alten:
Im Himmel wohnt der liebe Gott.
Der liebt alle weißen Schafe,
die schwarzen mag er nicht.
Die schwarzen werden, wenn die Welt untergeht,
in die Hölle geschickt, die weißen in den Himmel.
Aber wenn ich am Ende in die Hölle muss,
dann ist das vielleicht richtig,
weil ich ja schon auf dieser Erde mehr mit der Hölle
als mit dem Himmel zu tun habe.
Und darum will ich auch böse sein.
Wenn ich schon das Letzte bin,
dann will ich es auch sein.

Ich sehe immer ihre schrägen Blicke,
und wenn sie um gutes Gras beten,
denken sie: Das Schwarze soll den Mund halten!
Und erst recht, wenn sie am Sonntag
ihre frommen Lieder singen,
dann fühle ich mich allein und verlassen.
Verlassen von der ganzen Welt
und auch von Gott.«

Und so trottete es allmählich der Herde hinterher,
während ich am Wiesenrand zurückblieb
und meinen Weg weiterging.

Und ich frage mich:
Was hätte ich ihm sagen müssen,
dem kleinen schwarzen Schaf?
Wie hätte ich es trösten können?

Vielleicht hätte ich dem kleinen Schaf
eine Geschichte erzählen sollen,
die vor langer Zeit geschehen ist,
von einer Frau, die ihre schwarzen Gedanken
abwerfen konnte und ganz neu anfing.
Aber das Schaf ist längst weitergezogen.

Vielleicht hätte ich von einem Mann erzählen sollen,
der dafür gelebt hat,
dass die schwarzen Schafe Vertrauen fassen,
weil sie einen finden, der sie liebt.

Aber vielleicht sollte ich davon den Menschen erzählen,
allen denen, die sich verlassen fühlen
von Gott und den Menschen.

Es war einmal eine Frau
– wir wissen ihren Namen nicht.
Wir wissen nur, dass sie in einem Dorf lebte
in dem schönen Land im Norden Israels
vor zweitausend Jahren.

Und wir wissen von ihr,
dass sie »ein schwarzes Schaf« war in ihrem Dorf.
Warum sie das war, wissen wir nicht.
Man sagte nur eben,
mit der solle man lieber nichts zu tun haben.
Vielleicht war sie eine Dirne, also eine Frau,
die die Männer zu ihrem Vergnügen benützen
und danach wegschicken und verfluchen.
Vielleicht auch war sie so verachtet
aus einem anderen Grund. Wir wissen es nicht.
Aber weil es in der Regel die Männer sind,
die zu sagen haben, wer im Dorf
zu den anständigen Menschen zählt und wer nicht,
gehörte sie nicht zu den anständigen Menschen.
Den Kindern sagte man: Geht ihr aus dem Weg.
Sie ist eine böse Frau. Und wer böse ist,
zündet auch Häuser an und stiehlt kleine Kinder.
Unser kleines Schaf hätte gesagt: »Genau so ist es.«

Damals aber glaubte ein solcher Mensch,
dass auch Gott ihn so anschaute wie die Menschen.
Die Menschen gingen ihm aus dem Weg,
und wie sie an der Frau vorbeischauten auf der Straße,
so schaute auch Gott –
davon war die Frau in jenem Dorf überzeugt –
an ihr vorbei.

Nun hatte sie aber gehört,
es gebe da einen besonderen Mann,
der durchs Land zog und die Leute heilte
am Leib und an der Seele,
und der einmal gesagt habe:

»Kommt zu mir, ihr Gehetzten,
ihr Überanstrengten, ihr Belasteten,
die keine Chance mehr haben.
Ich will euch Frieden geben.
Ich will euch von eurer Last freimachen.
Ich sehe euch. Ich nehme euch an.
Kommt!«

Und die Frau nahm das wörtlich,
das mit dem »Kommt zu mir!«
Wenn er mich meint, so dachte sie,
dann will ich, dass er mich sieht.
Dann kann ich so zu ihm kommen, wie ich bin.

Eines Tages kam er tatsächlich in ihr Dorf,
und die Menschen drängten sich um ihn.
Aber sie, das schwarze Schaf, drängten sie weg.
Sie hörte nur Wortfetzen.

Danach kam einer der würdigen Herrn
und bat ihn zum Essen in sein Haus.
»Gerne«, sagte Jesus.
Die Haustür schlug zu,
und die Frau stand auf der Straße.
Sie war es ja gewöhnt, dass niemand sie haben wollte,
vor allem immer dann, wenn ein Fest gefeiert wurde.

Also auch hier ist es so:
Wenn ein Mann wie dieser Jesus kommt
und ich mit ihm sprechen will,
dann lädt ihn irgendeiner zum Essen ein,
und ich stehe draußen.

Aber da fiel ihr etwas ein.
So schnell sie konnte, lief sie in ihre Hütte
und holte aus dem Kasten,
in dem sie ihre Salben und Parfums aufbewahrte,
eine kleine Flasche.
Es war das Wertvollste, das sie hatte,
ein sehr teures Salböl, das sie aufbewahrte
für den Tag, an dem einmal einer ihr Gast sein würde,
den sie lieben konnte.
Denn das war damals üblich:
Mit solchen Salbölen rieb man dem Gast das Haar ein.

Sie nahm es unter ihr Schultertuch
und lief zurück zu dem Haus, in dem Jesus zu Gast war.
Sie zitterte vor Angst und zugleich vor Freude.
Sie wollte etwas tun, sie würde ihn sehen.

Vor der Tür, als sie anklopfen wollte,
blieb sie eine Sekunde erschreckt stehen.
Ich darf ja gar nicht hinein.
Sie werden mich hinauswerfen.
Nur Männer waren zugelassen, keine Frauen,
und eine Frau wie sie schon gar nicht.

Aber dann dachte sie: Jetzt oder nie!
Trat durch die Tür und stand mitten im Zimmer.
Der Blick der Männer war überdeutlich:
»Unerhört!« dachten sie alle,
vom Hausherrn an bis zum letzten Gast.

Sie sah: Der dort – der ist Jesus!
Der denkt anders.
Sie ließ sich bei seinen Füßen auf die Erde nieder
und weinte vor Jammer und vor Glück.
Die Tränen liefen ihr übers Gesicht
und tropften ihm auf die Füße.

Da erschrak sie,
und weil ihr das lange Haar übers Gesicht hing,
nahm sie ihr Haar in die Hand
und trocknete Jesus die Tränen von seinen Füßen.
Dann brach sie dem Fläschchen den Hals ab –
diese Fläschchen waren mit Glas zugeschmolzen –,
ließ Jesus das Salböl über die Füße laufen
und rieb sie damit ein.
Und das ganze Haus war voll von dem starken,
wunderbaren Duft. Es war ganz still,
und keiner sagte ein Wort.

Jesus ließ sie gewähren.
Aber neben ihm saß der Hausherr
und machte sich seine Gedanken.
Nicht so sehr über die Frau.
Wer die Frau war, das war klar.
Aber über Jesus.

Dieser Jesus sagt, so dachte er,
er komme in Gottes Auftrag.
Wer aber von Gott kommt, der merkt es,
wenn ein solcher Mensch ihn anfasst,
und er wehrt sich dagegen.
Er wirft eine solche Frau hinaus.
Aber das tut der nicht.
Also ist er kein Beauftragter Gottes,
sondern ein Lügner und ein Betrüger.

Die anderen dachten ähnlich,
und plötzlich war es so,
als falle über Jesus selbst der Schatten,
der über der Frau gelegen hatte,
und als übernehme er selbst ihre Rolle:
die des verdammten schwarzen Schafs.

Um 1473 schuf der Maler
Dirk Bouts dieses Bild:
Die Frau unter dem Tisch.
rechts von Jesus der Hausherr,
daneben ein Gast,
der die Hand hebt, als sage er:
Mit der habe ich nichts zu tun.
Daneben ein Begleiter Jesu,
vielleicht Johannes,
und am rechten Ende ein Mönch,
der vielleicht das Bild
gestiftet hat.
Und Johannes weist
hinüber und scheint
zu dem Mönch zu sagen:
Für Jesus ist diese Frau
ein Mensch,
und wer ein Mensch ist,
den liebt er,
ob er schwarz oder weiß ist.

Jesus merkte wohl,
was in der Frau vorging
und warum sie so weinend vor ihm lag.

Er sah auch, was im Kopf des Hausherrn vorging
und sagte: »Simon! Ich möchte dir etwas sagen.«
»Ich höre«, antwortete der.
»Eine kleine Geschichte will ich erzählen.
Ein reicher Mann lieh zwei Männern Geld.
Dem einen zehntausend Mark,
dem anderen tausend.
Beide konnten es nicht zurückzahlen,
so schenkte er es ihnen beiden.
Wer von ihnen wird ihm dankbarer,
welcher wird glücklicher sein?«
Simon meinte: »Ich denke der,
dem er mehr geschenkt hat!«
»Richtig. Schau dir diese Frau an!
Als ich in dein Haus kam, hast du mir kein Wasser gegeben,
dass ich den Staub von der Straße
hätte von meinen Füßen waschen können.
Aber diese Frau hat sie mit ihren Tränen genetzt
und mit ihrem Haar getrocknet.

Du hast mir keinen Kuss gegeben,
als ich dein Haus betrat.
Aber diese Frau küsst, seit sie da ist,
unaufhörlich meine Füße.
Du hast mir keine Salbe für mein Haar gegeben,
aber sie gab ihr Salböl sogar für meine Füße.
Daran kannst du etwas sehen:

Wer von Gott viel Liebe empfangen hat,
der hat ein reiches Herz
und kann viel Liebe weitergeben.
Wer von Gott wenig empfängt,
hat ein armes Herz und wenig Liebe.
Du siehst: Gott liebt sie.
Wenn aber Gott sie liebt, liebe ich sie auch.«

Das Gesicht des Simon wurde, so stelle ich mir vor,
steinhart vor Hass. Aber Jesus war sein Gast,
so ließ er sich nichts anmerken.
Jesus aber wandte sich der Frau zu und sagte:
»Gott liebt dich. Du bist sein Kind,
du gehörst zu den Kindern Gottes.
Es ist alles gut.«

Und er fügte hinzu:
»Dass du so viel Vertrauen gehabt hast,
das hat dich freigemacht.
Geh nun in Frieden und sei glücklich.«

Die Frau stand auf
und ging leise durch die Tür.
Und als sie durchs Dorf zu ihrer Hütte lief,
da strahlte sie wie die Sonne,
warf ihre Arme in die Luft und rief:
»Nun sollen sie sagen, was sie wollen!
Ich war bei ihm.
Er hat mich nicht hinausgeschickt.
Jetzt ist alles gut!«

Was sie nicht wusste,
das war die Sache mit dem Schatten,
der über Jesus fiel, als er für sie eintrat.
Die würdigen Herren schlugen zurück,
und am Ende war Jesus selbst der Verfluchte,
der Ausgestoßene.
Draußen vor der Stadt Jerusalem
haben sie ihn ans Kreuz geschlagen.

Als er noch unterwegs war
in den Dörfern seiner Heimat,
erzählte er einmal eine kurze Geschichte von einem Schaf.

Das war plötzlich weit weg
von seiner Herde. Ob aus Absicht
oder aus Unachtsamkeit, wird nicht gesagt.
Als es aber einsam und verlassen durch die Steppe trottete
und nach den anderen blökte,
ging sein Hüter los und suchte es,
bis er es klagend irgendwo fand.
Da nahm er es auf die Schulter und trug es nach Hause.

Praktisch tat Jesus dasselbe an den Menschen.
Er lud sie ein in irgendein Haus,
in dem er selbst der Gast war,
und feierte mit den Ausgegrenzten und Verachteten
ein Fest. Ein Fest mit denen,
die in den Dörfern zu den schwarzen Schafen gehörten.
Er begab sich in den tiefen Schatten,
der auf der Seele dieser Menschen lag,
holte sie heraus in einen festlichen Saal
und nahm ihre Dunkelheit auf sich.

Es wird auch von einem Mann erzählt,
der wie kein anderer die Rolle
des schwarzen Schafs gespielt hat, Judas, der Verräter.
Auf einem schönen alten Schnitzwerk über das Abendmahl
reicht Jesus diesem Mann, dessen Pläne er kannte,
mit einer freundlichen Geste das Brot der Gemeinschaft.

Wissen wir, warum Judas Jesus verriet?
Nein. Aber wir können ahnen,
dass er etwas Gutes bewirken wollte für sein Volk.
Dass Jesus ihm zu zögerlich handelte
und dass er ihn in eine Situation bringen wollte,
in der es für ihn nur noch eine Reaktion geben konnte:
nämlich in Jerusalem die Macht zu ergreifen.

Die Verzeihung, die in der Geste Jesu liegt, heißt wohl so:
Ich vergebe dir nicht nur deinen Verrat,
sondern auch deinen großen Irrtum.

Bei Dante wird Judas in Ewigkeit vom Satan persönlich
in der Eiseskälte der Hölle mit den Zähnen zermahlen.
Schwärzer kann kein schwarzes Schaf sein als Judas,
wie ihn die christliche Geschichte geschildert hat.
Und doch reicht Jesus ihm das Brot.

Und so erzählte Jesus auch einmal eine Szene
von einem »schwarzen« und von einem »weißen Schaf«:
Er schilderte einen Gerechten,
der vor dem Tempel stand und betete,
während seitab einer von den Verrufenen stand,
die man als Betrüger und Verräter ansah.
Da betete der Gerechte so:
»Ich danke dir Gott, dass ich nicht so bin
wie der da drüben.
Ich tue viel Gutes und spende viel von meinem Geld.
Ich lebe fehlerfrei und gerecht.«

Der andere betete so:
»Gott, du weißt, was für ein schlechter Mensch ich bin.
Sei mir gnädig.«

Und Jesus schloß mit den Worten:
»Ich sage euch: der Gerechte hatte seine Gerechtigkeit.
Das war ihm genug.
So brauchte er die Liebe Gottes nicht.
Er empfing sie auch nicht.
Der andere brauchte sie.
Und er hat sie empfangen.«

Warum erzählte ich all das so ausführlich?
Einmal, weil man eine solche Geschichte durchspielen muss
wie ein Bühnenstück.
Und zum anderen, weil wir sehen sollten,
was Gott mit den schwarzen Schafen tut.

Wir sind ja immer darauf angewiesen,
dass es Menschen gibt, die dunkler sind als wir selbst.
Dass wir also sagen können:
Wir sind heller, gerechter und besser.
Wir sind darauf angewiesen,
dass unsere Welt sich teilt in die Guten und die Bösen,
so dass man immer weiß, wo die Bösen sind.
Alle Politik ist ständig, im Kleinen und im Großen,
ob im Inneren oder nach außen,
ein solches Einteilen von Menschen
in die Guten und die Bösen.

Aber bei Jesus wird eben dies klar:
Eine solche Einteilung gibt es nicht.
Es gibt die Mutigen und die Verängstigten,
es gibt die Getrösteten und die Trostlosen,
aber es gibt, wenn man genau hinschaut,
nicht »die Guten« und »die Bösen«.

Warum also liebt der Himmel die schwarzen Schafe?
Nicht deshalb, weil sie schwarz sind,
sondern deshalb, weil sie wissen, wie es ist,
wenn man Liebe entbehrt.
Und weil sie wissen, was Glück ist:
nämlich, dass einer die Last,
die man trägt, von einem nimmt.

Das kleine Schaf hatte gesagt: »Ich bin ein Versager.«
Glück ist, dass einer oder eine sagt: »Du bist mir lieb.
Du gehörst zu mir. Es ist alles gut.«

Vielleicht auch liebt der Himmel die schwarzen Schafe,
weil sie Barmherzigkeit gelernt haben
mit den anderen, denen es ergeht wie ihnen selbst.

Vielleicht auch, weil sie Widerstand leisten
gegen die mit der weißen Weste,
die so oft graue Wölfe sind im weißen Schafspelz.

Und weil sie wissen, wie wenig sie tun können,
um so zu sein, wie sie wohl gerne sein möchten,
und weil sie darum von der großen Liebe leben.

Jesus will, dass wir uns aus schwarzen Schafen
in Hirten wandeln.
Wir sollen ja nicht mit immer stärkeren Waschmitteln
versuchen, ein immer weißeres Weiß zu erreichen,
sondern unabhängig von unserer Farbe
uns um die kümmern,
die verlassen und einsam sind
und verängstigt durch ihr Leben laufen.

Und wenn wir viel Dunkelheit in uns haben?
Dann nehmen wir sie nicht gar so wichtig.
Wichtiger sind die, die wir hüten.
Und am Ende können wir sogar sagen
wie die Schwarzen in Amerika: »Schwarz ist schön!«
Ich bin schwarz, also bin ich schön.
Denn ich weiß einen, der mich liebt.
Und für ihn gehe ich an die Arbeit,
die ein Hirte tut.

Es gibt ein genaues Gegenbild
zu dem Bild von der Frau,
die sich unter den Tisch bückt.
Das hat Martin Schongauer gemalt,
ein jüngerer Zeitgenosse von Dirk Bouts.

Nach seinem Tode und seiner Auferstehung, so erzählt Johannes,
erschien Jesus der Maria Magdalena.
Von ihr hat man immer wieder vermutet,
sie sei dieselbe, die im Haus des Simon
Jesus die Füße gesalbt hat.

Vielleicht liegt dem der schöne Gedanke zugrunde,
dass die weinende Frau, die sich unter den Tisch bückte,
dieselbe ist, die hier im Ostergarten
so glücklich erscheint und so strahlend.

Im Garten, wo das Grab war, erkannte sie ihn,
wollte auf ihn zulaufen und ihn umfassen.
Aber er winkte ab, und sie konnte nur rufen:
»Mein Meister!« und ihre Trauer von sich werfen.
Jesus trat mit seinem Licht in ihre Trauer ein,
und so wurden ihr Leben und sie selbst licht und hell,
und ein goldener Schein steht hinter ihrem Haupt.

Wer aber so das Licht Gottes geschaut hat
und seine Freundlichkeit, für den ändert sich alles.

»Ich bin böse«, hatte das schwarze Schaf gesagt.
»Die anderen sind böse. Und Gott ist es auch.«
Maria Magdalena kann danach
von alledem nichts mehr sagen.

Denn sie weiß: Gott ist nicht der Finstere,
nicht der Richter, nicht der Rächer,
er ist nah, und er ist heilig.
Er hat Leben und Helligkeit für mich.
Er ist nicht auf der Seite der bürgerlichen Moral,
sondern auf der Seite der Ängstlichen,
der Unfähigen, der Bedrohten und der Versager.

Und so geht sie ihres Weges
in großer Freude und Gelassenheit.
Sie ist frei von den Meinungen anderer.
Sie kann auch das Maskenspiel der Gerechten,
das rund um sie die Szene so sehr beherrscht,
sehen, ohne es anzuklagen.
Mit Erbarmen und mit einem großen, gütigen Humor.

Die anderen bestrafen mich«,
hatte das Schaf gesagt. »Und sie tun recht.
Man muss mich bestrafen, denn ich bin böse.
Es ist recht und billig, dass die anderen
mir mein Futter nicht gönnen.
Ich verdiene es nicht besser.«

Aber mitten in diese Selbstgespräche hinein
ergeht eine leise Stimme:
»Komm! Du gehörst zu mir.
Und du gehörst zu den anderen.
Komm und fürchte nichts.
Was du nicht verdient hast, will ich dir geben:
das Leben und die Fülle.

Gut ist nicht, was normal ist.
Gut ist, was von Vertrauen getragen ist
und nicht aus der Angst kommt,
was Sicherheit gibt und Sorge abbaut,
was Klarheit gibt und die Freiheit ausweitet.
Und all das will ich dir geben.
Ob du es verdienst oder nicht.
Komm!«

Tief unter den Tisch gebückt
kauert die Frau an dem Fuß,
von dem sie ihre Tränen abwischt.
Sie war gewöhnt,
gebückt durchs Leben zu gehen.
Immer geduckt vor den Blicken
und den Worten irgendwelcher Menschen.
Und während sie so kniet,
gehen oben die Worte über sie hin und her.

Aber Jesus gibt ihr den Mut,
sich aufzurichten. Sich zu erheben
zu ihrer eigentlichen Gestalt,
der aufrechten Gestalt eines Menschen.
Er gibt ihr Stehvermögen gegen die Urteile der anderen.

Sie steht auf aus der Nacht ihrer Seele
und empfängt eine neue Würde, die ihr bisher fremd war.
Ihre Hand liegt auf der Erde, als sage sie:
So wie dieser Fußboden, so bin ich mit Füßen getreten.
Aber dann hört sie:
»Es ist alles gut. Geh in Frieden.«
Und sie geht, aufrecht und glücklich.

Maria Magdalena
war an das Grab im Garten gekommen
ohne Hoffnung. Ihre Welt war nachtschwarz.
Sie sah durch ihre eigenen Tränen nichts,
und niemand war, der sie sah.
Sie war vergraben in sich selbst.

Aber da, durch den Schleier ihrer Tränen,
sah sie plötzlich eine Gestalt,
unscharf. Sie wusste nicht, wer es war.
Aber da redete der Fremde sie an
mit ihrem Namen: »Maria!«

Und als sie erkannte, dass sie gesehen war,
sah sie selbst auf und rief: »Mein Meister!«
Und plötzlich war Tag. Licht. Helligkeit.
Es war ein Erkennen
und eine Wiederkehr ihrer Liebe.

Und so, im Schein des morgendlichen Lichts
wird ihre eigene Gestalt hell,
und wie eine Sonne steht hinter ihrem Kopf
der goldene Nimbus, der sagt:
Diesen Menschen nimmt Gott wahr.

»Der Himmel liebt nur die weißen Schafe«,
hatte das schwarze Schaf gesagt.
»Also muss, wer schwarz ist,
um sein Recht streiten und um sein Leben.«

Wenn aber das alles wahr sein sollte,
was uns von Jesus erzählt ist –
und ich bin sicher, dass es die Wahrheit ist –,
dann kehrt sich viel um.
Dann weiß das schwarze Schaf nun,
dass die Liebe, die ihm von Gott her begegnet,
nicht vom weißen Fell abhängt.
Dann kann es wissen,
dass es sich nicht zu wehren braucht.
Dann wird es den Mut finden,
zu sich selbst zu stehen,
ohne sich gegen die anderen abzustemmen.

Es wird den Mut finden,
selbst ein wenig vom Amt eines Hirten zu übernehmen.
Das heißt: Es wird sich selbst annehmen
und zugleich die anderen,
die ihm nicht feindselig sind,
sondern ihm und seiner Güte anvertraut.

Es wird also von Maria Magdalena
und von uns, die dem Licht Gottes begegnen wie sie,
etwas Heilendes ausgehen.
Etwas, das den Zwiespalt, den Riss
in den schwarzen Schafen wie auch in den gerechten
heilend zusammenfügt.
Und das Heilende wird immer ausgehen
von einer tiefen Dankbarkeit.

Wenn wir sagen: »Ich danke dir«,
dann wirkt das ein wenig blass.
Ein Basuto sagt statt dessen:
»Das hast du gut gemacht!«
Und ein Zulu: »Du bist mir eine gute Milchkuh!«

Sprächen wir ähnlich wie Basutus oder Zulus,
gäbe es unter uns keine schwarzen Schafe
und viel mehr Menschen, die Kräfte haben,
mit denen etwas Gutes und Schönes getan werden kann.

Vielleicht ist dies überhaupt die Lösung:
dass wir, statt uns als schwarze Schafe zu fühlen,
Hirten werden für die weißen wie für die schwarzen.

In Syrien sah ich einmal,
wie eine Schafherde
gleich einem Sturm
vor einer antiken Mauer
vorbeirauschte.
Touristen, die das mit ansahen,
drängelten sich zwischen die Tiere.

Da ging mitten in der Herde
der Hirte,
ein etwa zwölfjähriger Junge,
der gebot mit einer Handbewegung:
»Wegbleiben! Bringt die Tiere
nicht durcheinander!«
Er hatte ein Amt,
das Amt eines Hirten,
und er nahm es wahr
mit großer Selbstverständlichkeit.
Und so nahm er es
mit einer ganzen Herde
von fremden Erwachsenen auf.

Wenn aber Gott die schwarzen Schafe
nicht weniger liebt als die weißen,
dann liegt hier der Anfang des Glücks.
Jesus sagt:
»Selig sind die Armen, die von dem,
was die Menschen ihnen anbieten, nicht leben können.
Glücklich sind die Getrösteten.
Glücklich sind die Geduldigen.
Glücklich sind, die Gerechtigkeit schaffen.
Glücklich sind die Barmherzigen.
Glücklich sind die reinen, die lebendigen Herzen.
Glücklich, die Frieden schaffen.
Glücklich die Verfolgten, denn sie werden frei sein.«

Wenn das alles gilt, dann liegt in diesen
Seligpreisungen eine Lebensanweisung
für alle schwarzen Schafe.
Sie leben aus dem großen Reichtum der Liebe Gottes
und können sich wandeln
aus Schafen in gütige Hirten von Menschen.

Dem kleinen schwarzen Schaf aber möchte ich raten,
doch versuchsweise einmal
den 23. Psalm mitzusprechen:

Gott ist mein Hirte, mir wird nichts mangeln.
Er weidet mich auf einer grünen Aue
und führt mich zum frischen Wasser.

Er erquickt meine Seele.
Mein Weg ist ohne Gefahr,
denn er selbst ist es, der mich leitet.

Und wanderte ich im finstern Tal,
so fürchte ich kein Unglück,
denn du bist bei mir. Du gibst mir Frieden.

Du deckst meinen Tisch in deinem Haus,
in das kein Feind mir folgt,
keine Schuld und kein Fluch.

Du machst meine Seele rein
und schmückst mich festlich.
Der Becher, den ich trinke,
fließt über von erfrischendem Trank.

Mit Güte und Freundlichkeit
umgibt mich Gott, solange ich lebe,
und ich habe Wohnrecht in seinem Haus
jetzt und in Ewigkeit.

Bildnachweis

Umschlagfoto: Klaus Paysan, Stuttgart
S. 1 : Robert Holder, Bad Urach
S. 7: Klaus Paysan, Stuttgart
S. 10: Robert Holder, Urach
S. 20-21: Dirk Bouts, Die große Sünderin, Archiv Jörg Zink
S. 27: Das letzte Abendmahl, Michaelsaltar Schwäbisch Hall, Archiv Jörg Zink
S. 33: Martin Schongauer, Maria Magdalena und Jesus, Archiv Jörg Zink
S. 37: Dirk Bouts, Die große Sünderin, Ausschnitt, Archiv Jörg Zink
S. 39: Martin Schongauer, Maria Magdalena und Jesus, Ausschnitt, Archiv Jörg Zink
S.42-43a: Foto Jörg Zink

Die Deutsche Bibliothek – CIP-Einheitsaufnahme

Zink, Jörg:
Der Himmel liebt die schwarzen Schafe / Jörg Zink. – Stuttgart: Kreuz-Verl., 1997
ISBN 3-7831-1518-3

1 2 3 4 5 01 00 99 98 97

Postfach 800669, 70506 Stuttgart, Tel. 0711-788030
Umschlaggestaltung: Jürgen Reichert, Stuttgart
Reproduktionen: GRS, Ludwigsburg
Druck und Bindung: W. Röck, Weinsberg
ISBN 3 7831 1518 3

Jörg Zinks „Kleine Geschenke" im Überblick:

* Diese Titel gibt es auch als CD und MC

Alles Lebendige singt von Gott
In den vielen kleinen Dingen der zauberhaften Natur ist
die lebendige Gegenwart des Schöpfers zu erfahren.

Am Ufer der Stille *
Jörg Zink zeigt auf Fotos und in seinen Texten, in welche Tiefe und Weite
das Lauschen auf die Stille führt.

Dein Geburtstag sei ein Fest *
Jörg Zink ermuntert dazu, den Geburtstag als einen Höhepunkt
des Lebens zu feiern und zu bedenken.

Für schlaflose Nächte *
Statt »Schäfchen zu zählen«, empfiehlt Jörg Zink, sich sacht,
ganz sacht in eine Herde schlafender Schafe zu betten.
Gute Gedanken für eine lange Nacht.

Ich werde gerne alt *
Das Alter befreit von Zwängen und Verantwortungen und
läßt Raum und Zeit für das, was das Leben mit Sinn erfüllt.

Ich wünsche dir Genesung *
Auch der Kranke verfügt über gesunde Kräfte. Einsicht in den Sinn
der Erkrankung kann der Anfang der Heilung sein.

Liebe ist ein Wort aus Licht
Ein Loblied auf die eheliche Liebe, das vom Sinn
des gemeinsamen Wanderns erzählt.

Liebesbrief an eine Mutter
Ein Freund schreibt von der Weite und Freiheit,
die der Frau auch dann zugedacht sind, wenn sie Mutter ist.

Mehr als drei Wünsche *
Altersweisheit spricht aus den mit Humor gewürzten Texten, die zusammen mit den Fotos ein herzhaftes Geschenk bilden.

Meine Gedanken sind bei dir
Ein besonders zartes Geschenk für alle Liebenden, die getrennt sind.

Wo das Rettende wächst
Angst kann vernünftig sein, aber auch lähmen. Jörg Zink erinnert daran, daß unser Leben in Gottes Hand ist und daraus Vertrauen wächst.

Unter weitem Himmel
Alle Grenzen, die wir sehen, können sich uns öffnen, unsere Freiheit beginnt, wo wir über Grenzen hinausschauen.

Unterwegs zur Weisheit
Was auf einem Lebensweg an Erkenntnissen gesammelt werden kann, ist der Inhalt dieses Buches.

Vertrauen in der Dunkelheit
Jörg Zink stellt sich den Fragen nach dem Bösen, nach millionenfachem Leid, nach Schuld und dem Dunkel in Gott.

Vielfarbiger Dank
Jede Blume mit ihrer besonderen Farbe deutet auf eine menschliche Eigenschaft hin, die Anlaß gibt zum Danken.

Was kommt nach dem Leben
Gibt es ein Danach, und wie haben wir es uns vorzustellen?

Wenn der Abend kommt
Meditative Fotos und Texte laden ein zu Sammlung und Gelassenheit.

Wo das Glück entspringt
Ein Geschenk für alle, die nach Glück suchen und dazu beitragen möchten, andere glücklich zu machen.